The Café of Stories and Other Bilingual Romanian-English Short Stories

Coledown Bilingual Books

Published by Coledown Bilingual Books, 2023.

THE CAFÉ OF STORIES AND OTHER BILINGUAL ROMANIAN-ENGLISH SHORT STORIES

First edition. July 18, 2023.

ISBN: 979-8223561453

Written by Coledown Bilingual Books.

Table of Contents

Călătorie prin meandrele inimii 1

Journey through the Meanders of the Heart 5

Secrete și Surprize în Grădina cu Hortensii 9

Secrets and Surprises in the Hydrangea Garden 13

Cafeneaua Poveștilor 17

The Café of Stories 21

Aromele Magice ale Maestrului Culinare 25

The Magical Aromas of the Culinary Master 29

Pasul către Visuri - Povestea Profesoarei de Balet 33

The Step Towards Dreams - The Story of the Ballet Teacher ... 37

Misterul Cărții Vechi 41

The Mystery of the Old Book 45

Magia Cafenelei de la Colțul Străzii 49

The Magic of the Corner Café 53

Secretele Vechii Case de pe Strada Melodiei 57

The Secrets of the Old House on Melody Street 61

În cele din urmă, Elena a înțeles că adevărata aventură este în sine călătoria prin meandrele inimii și deschiderea către noi experiențe și perspective. Drumul către descoperirea de sine și conexiunea cu ceilalți o aștepta în fiecare zi, chiar în orașul său natal.

Și astfel, povestea Elenei și a lui Andrei s-a contopit cu poveștile celorlalți oameni, formând un mozaic minunat de aventuri și călătorii interioare, toate învăluite în aura fermecătoare a prieteniei și iubirii.

Sibiu, cu străzile sale pietruite și casele sale colorate, a devenit punctul de plecare al unei călătorii care nu avea sfârșit, o călătorie prin meandrele inimii, plină de frumusețe și înțelegere.

Sfârșit

Journey through the Meanders of the Heart

It was a clear day in the small town of Sibiu, located in the heart of Transylvania. The cobblestone streets were bustling with the classic sound of horse-drawn carts, and the colorful facades of the houses revealed their beauty in the shining sun. Life moved at its own pace in this enchanting place.

In the midst of this idyllic setting, lived a woman named Elena. She had chestnut hair and eyes filled with curiosity and kindness. Elena worked in a small and welcoming bookstore, where she had the opportunity to indulge in her passion for books and create an environment where people felt at home.

However, in Elena's heart, there was always a sense of adventure and a desire to explore the world beyond the pages of books. She loved to daydream and imagine journeys to exotic places.

One day, unexpected news reached Elena's ears. A mysterious stranger named Andrei had moved to Sibiu, and he had a reputation as an extraordinary storyteller. He had traveled to the far corners of the world and shared his stories with a burning passion.

Elena felt that this was her moment to step out of her comfort zone and fulfill her dream of traveling, even if only in the realm of imagination. So, one evening, she decided to attend Andrei's gathering and let herself be swept away in an unexpected adventure.

The reading room was filled with people eager to hear Andrei's story. An enchanting atmosphere of anticipation settled over the audience. As Andrei made his appearance, the room instantly fell silent.

Andrei's voice was hypnotic and captivating. He began to tell his tales of travels in Africa, where he had encountered fascinating tribes and impressive wild animals. Each of his words was a window into a new and mysterious world.

Elena closed her eyes and let herself be carried away by the wave of storytelling. In her mind, she was in the midst of the African savannah, admiring the vivid colors of the sunset. She felt the warm breeze caressing her face and could hear the whispers of the local tribes. It was an imaginary journey, but for her, it felt real.

In the following weeks, Elena became a regular presence at Andrei's gatherings. Each of his stories was like a pill of happiness in her life. In Andrei's world, Elena traveled through ancient temples in Asia and got lost in the labyrinths of European cities.

As the adventures continued, Elena discovered that the true journey unfolded not only in distant places but also in the hearts of the people she encountered. Each story told by Andrei brought to the forefront love, friendship, and compassion, essential elements of life.

Over time, Elena and Andrei became close friends. Andrei's stories and their imaginary travels brought joy and a deep understanding of the surrounding world into Elena's life.

Eventually, Elena understood that the true adventure was the journey through the meanders of the heart and the openness to new experiences and perspectives. The path to self-discovery and connection with others awaited her every day, even in her hometown.

And so, Elena's and Andrei's story merged with the stories of others, forming a wonderful mosaic of adventures and inner journeys, all enveloped in the charming aura of friendship and love.

Sibiu, with its cobblestone streets and colorful houses, became the starting point of a never-ending journey, a journey through the meanders of the heart, full of beauty and understanding.

The End

Secrete și Surprize în Grădina cu Hortensii

Era o zi splendidă de vară în micul sat Tămășeni, situat în inima ținutului Maramureș. Casele cu acoperișuri în pantă și curțile îngrijite erau încadrate de peisaje mărețe și dealuri împădurite. În mijlocul acestei atmosfere idilice, se afla Grădina cu Hortensii, un mic colț de rai înconjurat de flori și vegetație luxuriantă.

Grădina era locul unde viețile se intersectau și se întâmplau evenimente surprinzătoare. Fiecare floare și fiecare frunză păstrau secrete și povestiri care așteptau să fie dezvăluite. Doamna Maria, o femeie în vârstă cu ochi plini de înțelepciune, era paznicul acestei grădini magice. Ea avea grijă de fiecare floare cu dragoste și răbdare, iar grădina răsplătea în schimb cu frumusețea ei uimitoare.

Într-o dimineață, când soarele își arunca razele calde peste grădina înfloritoare, o fată tânără numită Ana a venit să viziteze Grădina cu Hortensii. Ana era o suflet pasionat de natură și de misterele lumii. Ea credea că în fiecare colț al acestui paradis vegetal se ascundeau povestiri și aventuri extraordinare.

Când Ana a pășit pe cărarea de piatră în Grădina cu Hortensii, s-a simțit ca și cum ar fi intrat într-o altă lume. Putea simți parfumul dulce al florilor și putea auzi ciripitul păsărilor ce se jucau printre ramurile copacilor. În mijlocul grădinii, Ana a văzut o bancă de lemn sub un copac vechi și a decis să se așeze acolo pentru a se bucura de liniște și frumusețea naturii.

La scurt timp, o voce suavă s-a făcut auzită din spatele ei. Ana s-a întors și a văzut o doamnă cu părul argintiu și ochii luminoși. Era Doamna Maria, păzitoarea Grădinii cu Hortensii. Zâmbind, aceasta i-a spus Anei că grădina avea multe secrete de dezvăluit și povestiri de spus.

Ana a fost încântată de această perspectivă și a început să viziteze grădina în fiecare zi. Ea a descoperit că fiecare floare avea o poveste de spus. Hortensiile albastre povesteau despre dragostea pură și prietenia de nedespărțit, în timp ce trandafirii roz dezvăluiau povestiri de iubire pasională. Florile cu petale de culoarea curcubeului, denumite "Călătoarele Magice", erau pline de energie și mister, devenind prietene de nădejde ale Anei în căutările ei de aventură.

Odată, Ana a întâlnit un băiat timid pe nume Andrei în Grădina cu Hortensii. El era un copil orfan care venise în căutarea unui loc în care să se simtă în siguranță și iubit. Ana și Andrei au devenit prieteni apropiați și își petreceau timpul explorând grădina și ascultând poveștile spuse de florile și plantele minunate.

Pe măsură ce timpul trecea, Ana a descoperit că Grădina cu Hortensii avea puteri magice. Într-o noapte cu lună plină, ea a văzut cum luminițele dansau printre flori și cum acestea prindeau viață, împărtășindu-și emoțiile și gândurile cu ea. Ana și Andrei au devenit martorii unui spectacol uimitor, în care natura însăși părea să se deschidă în fața ochilor lor.

Pe măsură ce secretele grădinii erau dezvăluite, Ana și Andrei au descoperit că aceasta ascundea un complot malefic. În adâncurile grădinii, o floare vrăjită și-a pierdut strălucirea și forța. Grădina se stingeau treptat, iar locurile pe care le cunoscusără atât de bine deveneau tot mai întunecate.

Hotărâți să salveze Grădina cu Hortensii, Ana și Andrei s-au aventurat într-o călătorie plină de peripeții și descoperiri. Împreună, ei au căutat un elixir magic care să readucă lumina și viața în grădină. Au trecut prin peșteri ascunse, au înfruntat creaturi fantastice și au rezolvat enigme complicate.

În cele din urmă, Ana și Andrei au găsit elixirul salvator. Când au întors lumina și viața în Grădina cu Hortensii, au fost salutați de un spectacol copleșitor de flori înflorite și de miresme îmbietoare. Grădina și-a recăpătat strălucirea și strălucirea sa, iar fiecare floare a cântat un cântec de mulțumire.

Ana și Andrei s-au întors în satul Tămășeni, știind că au ajutat la păstrarea magiei și frumuseții Grădinii cu Hortensii. Acum, locul era o sursă de inspirație și bucurie pentru toți cei care îl vizitau.

De atunci, Ana și Andrei au rămas în Grădina cu Hortensii, devenind paznicii ei. Ei continuă să asculte povestirile florilor și să transmită iubirea și magia grădinii către toți cei care o vizitează.

Și astfel, Grădina cu Hortensii a devenit un simbol al dragostei și speranței, un loc unde secretele sunt dezvăluite și surprizele așteaptă să fie descoperite în fiecare colț al acestei lumi magice.

Sfârșit

Secrets and Surprises in the Hydrangea Garden

It was a splendid summer day in the small village of Tămășeni, located in the heart of the Maramureș region. The houses with sloping roofs and well-maintained yards were framed by magnificent landscapes and forested hills. In the midst of this idyllic atmosphere stood the Hydrangea Garden, a small corner of paradise surrounded by flowers and lush vegetation.

The garden was a place where lives intersected, and surprising events unfolded. Each flower and every leaf held secrets and stories waiting to be revealed. Mrs. Maria, an elderly woman with wise eyes, was the guardian of this magical garden. She lovingly and patiently cared for each flower, and in return, the garden rewarded her with its astonishing beauty.

One morning, when the sun cast its warm rays over the blossoming garden, a young girl named Ana came to visit the Hydrangea Garden. Ana was a nature enthusiast, intrigued by the mysteries of the world. She believed that in every corner of this floral paradise, extraordinary adventures and stories were hidden.

As Ana stepped onto the stone path in the Hydrangea Garden, she felt as if she had entered another world. She could smell the sweet fragrance of the flowers and hear the chirping of birds playing among the branches of the trees. In the center of the garden, Ana saw a wooden bench beneath an old tree and decided to sit there to enjoy the tranquility and beauty of nature.

Before long, a gentle voice was heard from behind her. Ana turned around and saw a lady with silver hair and bright eyes. It was Mrs. Maria, the guardian of the Hydrangea Garden. Smiling, she told Ana that the garden held many secrets to be unveiled and stories to be told.

Ana was thrilled by this prospect and began visiting the garden every day. She discovered that each flower had a story to tell. The blue hydrangeas spoke of pure love and inseparable friendship, while the pink roses revealed tales of passionate romance. The rainbow-colored flowers, known as "Magical Travelers," were full of energy and mystery, becoming Ana's steadfast companions in her quest for adventure.

One day, Ana encountered a shy boy named Andrei in the Hydrangea Garden. He was an orphaned child who had come in search of a place where he could feel safe and loved. Ana and Andrei became close friends, spending their time exploring the garden and listening to the stories told by the marvelous flowers and plants.

As time passed, Ana discovered that the Hydrangea Garden possessed magical powers. On a moonlit night, she witnessed lights dancing among the flowers, as if they came to life, sharing their emotions and thoughts with her. Ana and Andrei became witnesses to an astonishing spectacle, in which nature itself seemed to unfold before their eyes.

As the garden's secrets were unveiled, Ana and Andrei discovered that it harbored a malevolent plot. Deep within the garden, a bewitched flower had lost its radiance and strength. The garden was gradually fading, and the places they had come to know so well became increasingly dark.

Determined to save the Hydrangea Garden, Ana and Andrei embarked on a journey full of adventures and discoveries. Together, they searched for a magical elixir that would restore light and life to the garden. They passed through hidden caves, confronted fantastical creatures, and solved intricate puzzles.

Finally, Ana and Andrei found the saving elixir. When they brought back light and life to the Hydrangea Garden, they were greeted by an overwhelming display of blooming flowers and enticing fragrances. The garden regained its brilliance and splendor, with each flower singing a song of gratitude.

Ana and Andrei returned to the village of Tămășeni, knowing they had helped preserve the magic and beauty of the Hydrangea Garden. Now, the place was a source of inspiration and joy for all who visited.

Since then, Ana and Andrei remained in the Hydrangea Garden, becoming its guardians. They continued to listen to the tales of the flowers and transmit the love and magic of the garden to all who visited.

And thus, the Hydrangea Garden became a symbol of love and hope, a place where secrets were unveiled, and surprises awaited to be discovered in every corner of this magical world.

The End

Cafeneaua Poveștilor

Era o dimineață răcoroasă în micul oraș București. Străzile erau animate de mișcarea grăbită a oamenilor în drum spre muncă, iar cafenelele de pe colțuri își deschideau ușile cu un miros îmbietor de cafea proaspătă. În mijlocul acestui decor urban, se ridica Cafeneaua Poveștilor, un loc special în care timpul părea să se oprească și poveștile prindeau viață.

Cafeneaua Poveștilor era un mic sanctuar într-o lume agitată. Oricine intră prin ușile sale era întâmpinat de o atmosferă caldă și primitoare, îmbinată cu mirosul îmbătător al cărților vechi. Pereții erau acoperiți de rafturi pline de cărți, iar în mijlocul încăperii se afla o masă mare din lemn, înconjurată de scaune comode.

În spatele tejghelei, se afla doamna Elena, o femeie cu ochi plini de înțelepciune și un zâmbet blând pe buze. Avea o pasiune pentru lectură și o dorință neînfricată de a împărtăși poveștile din cărțile pe care le iubea. Cafeneaua ei era un loc de întâlnire pentru cei ce caută o pauză în tumultul cotidian și o sursă de inspirație și confort.

Într-o zi de toamnă, un tânăr timid pe nume Andrei a intrat în Cafeneaua Poveștilor. Avea ochii curioși și un aer de mister în jurul său. Își dorea să evadeze din rutina zilnică și să găsească ceva mai mult în paginile cărților. Andrei a fost atras de mirosul cafelei proaspăt măcinate și alesese să intre în cafenea fără să știe cât de mult avea să se schimbe viața lui.

Doamna Elena l-a întâmpinat cu un zâmbet cald și i-a oferit un loc la masa centrală. Cei doi au început să discute despre cărți, despre lumi imaginare și personaje îndrăgite. Fiecare cuvânt al doamnei Elena era îmbibat de pasiune și cunoaștere, iar Andrei asculta cu o fascinație crescândă.

Pe măsură ce timpul trecea, Andrei a devenit un vizitator regulat al Cafenelei Poveștilor. Acolo a întâlnit o comunitate de oameni pasionați de lectură și povestiri, fiecare având propria sa aventură de împărtășit. Cafeneaua a devenit locul în care poveștile se împleteau și se nășteau noi prietenii.

Într-o zi, Andrei a avut o idee neobișnuită. A propus să creeze un club de lectură în Cafeneaua Poveștilor, unde oamenii să se adune și să discute despre cărți în mod organizat. Propunerea sa a fost întâmpinată cu entuziasm de doamna Elena și de ceilalți clienți fideli ai cafenelei.

Astfel, clubul de lectură s-a înfiripat și a devenit un succes. În fiecare săptămână, oamenii se întâlneau în Cafeneaua Poveștilor pentru a discuta despre cărțile lor preferate, a explora idei și a împărtăși povești personale. Lectura a devenit o cale de a descoperi noi lumi și de a înțelege mai bine sinele și ceilalți.

Cu timpul, Cafeneaua Poveștilor a devenit un punct de referință pentru comunitatea din București. Oamenii se adunau acolo pentru a căuta refugiu în paginile cărților și pentru a se încărca cu inspirație și energie pozitivă. Poveștile spuse în cafenea au căpătat viață proprie și au ajuns să influențeze viețile celor care le-au ascultat.

Doamna Elena și Andrei au devenit poveștile însele. Prin pasiunea lor comună pentru lectură și prin dorința de a împărtăși această pasiune cu alții, au adus bucurie și lumină în inimile multor oameni. Cafeneaua Poveștilor a fost un loc în care poveștile s-au regăsit, s-au împletit și au devenit o parte inestimabilă din viețile oamenilor.

În cele din urmă, Cafeneaua Poveștilor nu era doar despre cărți și povești, ci despre o comunitate de suflete pasionate, despre prietenie și despre conexiuni care depășeau barierele timpului și spațiului. Aceasta era o casă pentru toți cei care căutau să descopere frumusețea și puterea cuvintelor și să trăiască în mijlocul unui univers în care poveștile deveneau realitate.

Și astfel, în lumina cărților și cu aroma cafelei plăcută, Cafeneaua Poveștilor a continuat să ofere adăpost și inspirație, să aducă bucurie și să creeze legături dintre sufletele celor care călcau pragul său. Pentru cei care au avut privilegiul de a o vizita, cafeneaua a devenit un loc în care poveștile deveneau vieți și viețile deveneau povești.

Sfârșit

The Café of Stories

It was a cool morning in the small city of Bucharest. The streets were bustling with the hurried movement of people on their way to work, and the cafes on the corners were opening their doors with the enticing aroma of freshly brewed coffee. In the midst of this urban setting stood the Café of Stories, a special place where time seemed to stand still, and tales came to life.

The Café of Stories was a small sanctuary in a bustling world. Anyone who entered through its doors was greeted by a warm and welcoming atmosphere, infused with the intoxicating scent of old books. The walls were covered with shelves full of books, and in the center of the room was a large wooden table surrounded by comfortable chairs.

Behind the counter stood Mrs. Elena, a woman with wise eyes and a gentle smile on her lips. She had a passion for reading and an unwavering desire to share the stories from the books she loved. Her café was a meeting place for those seeking a break from the daily hustle and bustle, a source of inspiration and comfort.

One autumn day, a timid young man named Andrei entered the Café of Stories. He had curious eyes and an air of mystery about him. He longed to escape the daily routine and find something more within the pages of books. Andrei was drawn to the aroma of freshly ground coffee and chose to enter the café without knowing how much his life would change.

Mrs. Elena welcomed him with a warm smile and offered him a seat at the central table. The two began to discuss books, imaginary worlds, and beloved characters. Each word from Mrs. Elena was imbued with passion and knowledge, and Andrei listened with growing fascination.

As time went by, Andrei became a regular visitor to the Café of Stories. There, he met a community of people passionate about reading and storytelling, each with their own adventure to share. The café became a place where stories intertwined, and new friendships were born.

One day, Andrei had an unusual idea. He proposed creating a book club in the Café of Stories, where people could gather and discuss books in an organized manner. His proposal was met with enthusiasm by Mrs. Elena and the café's loyal customers.

And so, the book club came to life and became a success. Every week, people gathered in the Café of Stories to discuss their favorite books, explore ideas, and share personal stories. Reading became a path to discovering new worlds and better understanding oneself and others.

Over time, the Café of Stories became a landmark for the community in Bucharest. People gathered there to seek refuge in the pages of books and to recharge with inspiration and positive energy. The stories told in the café took on lives of their own and came to influence the lives of those who listened to them.

Mrs. Elena and Andrei became stories themselves. Through their shared passion for reading and their desire to share this passion with others, they brought joy and light into the hearts of many.

The Café of Stories was a place where stories found each other, intertwined, and became an invaluable part of people's lives.

Ultimately, the Café of Stories was not just about books and tales but about a community of passionate souls, about friendship, and about connections that transcended the barriers of time and space. It became a home for all who sought to discover the beauty and power of words and to live amidst a universe where stories became reality.

And so, in the light of books and with the pleasant aroma of coffee, the Café of Stories continued to offer shelter and inspiration, to bring joy, and to create bonds among the souls that crossed its threshold. For those who had the privilege of visiting, the café became a place where stories became lives, and lives became stories.

The End

Aromele Magice ale Maestrului Culinare

Era o dimineață înăbușitoare în micul oraș Costinești. Soarele ardea pe cerul senin, iar vântul adia lin printre palmieri. În mijlocul acestui decor idilic, se afla un restaurant rafinat numit "Aromele Magice". Acesta era locul în care poveștile gustului prindeau viață, iar un maestru culinar pe nume Gabriel își încânta clienții cu deliciile sale de neuitat.

Gabriel era un bucătar talentat, cu o pasiune aprinsă pentru arta culinară. El trăia și respira prin mâncare, iar fiecare farfurie pe care o pregătea era ca o operă de artă. În fiecare zi, el se trezea devreme dimineața și căuta cele mai proaspete ingrediente de la fermieri locali și de la pescarii de pe malul mării. Calitatea era cheia, iar Gabriel se asigura că fiecare preparat reflecta pasiunea și dedicarea sa.

Într-o zi de vară, în mijlocul sezonului aglomerat, un cuplu călător a pășit în "Aromele Magice". Ei se numeau Adrian și Ana și erau în căutarea unei experiențe culinare autentice. Gabriel i-a întâmpinat cu un zâmbet călduros și i-a condus la o masă la fereastră, de unde puteau admira marea în timp ce se bucurau de savoarea mâncărurilor.

Meniul era plin de opțiuni apetisante, iar fiecare preparat era descris cu pasiune și măiestrie. Gabriel își cunoștea ingredientele în detaliu, iar felurile de mâncare erau pregătite cu o atenție meticuloasă la detalii. Gusturile se împleteau armonios, creând o simfonie a aromei pe papilele gustative ale clienților.

Adrian și Ana s-au decis să experimenteze un meniu degustare, în care fiecare fel de mâncare era un mic univers în sine. De la aperitive rafinate cu brânzeturi locale și pâine proaspăt coaptă, la fructe de mare gătite în sosuri fine și deserturi delicate, fiecare etapă a mesei era o călătorie culinară captivantă.

Pe măsură ce se învălmuiau în aromele și texturile preparatelor, Adrian și Ana au fost copleșiți de calitatea mâncărurilor. Fiecăreia dintre ele îi era atribuită o poveste, iar Gabriel le povestea cu pasiune și entuziasm. El vorbea despre originile ingredientelor și despre metodele de preparare tradiționale, aducând la viață istoria și cultura din spatele mâncărurilor.

Cei doi călători au fost captivați nu doar de gusturi, ci și de poveștile din spatele preparatelor. Gabriel părea să aibă o intuiție neobișnuită în a îmbina arome și a crea experiențe culinare unice. El știa cum să aducă la viață secretele bucătăriei, făcând ca fiecare masă să fie o experiență de neuitat.

Pe măsură ce serata culinară se apropia de final, Gabriel a pregătit un desert special pentru Adrian și Ana. Era un tort de ciocolată cu sos de fructe de pădure proaspete, decorat cu flori comestibile. Gustul bogat și textura fină a prăjiturii au dus la un moment de extaz culinar, iar Adrian și Ana au simțit că timpul stătea în loc în acea clipă.

După ce au terminat masa, cei doi au rămas pentru a discuta cu Gabriel. Au aflat că el călătorise în lumea întreagă, descoperind bucătării tradiționale și secrete culinare din diverse culturi.

Gabriel își hrănea pasiunea prin călătorii și experimente în bucătărie, iar aceasta se reflecta în mâncărurile sale.

Adrian și Ana au fost impresionați nu doar de talentele culinare ale lui Gabriel, ci și de generozitatea și umanitatea sa. El era un om deschis și empatic, iar povestirile sale erau îmbrățișate de căldura sufletului său. Cei doi călători au simțit că au descoperit nu doar o experiență culinară, ci și un prieten.

În săptămânile care au urmat, Gabriel și Adrian au rămas în contact și au dezvoltat o prietenie specială. Gabriel le-a împărtășit rețete și sfaturi culinare, iar Adrian și Ana i-au povestit despre călătoriile lor și experiențele gustative în lumea întreagă. Prin intermediul bucătarului pasionat, au fost legate punți între culturi și oameni.

"Aromele Magice" a continuat să atragă clienți din toate colțurile lumii, toți dornici să descopere povestea și magia bucătăriei lui Gabriel. Restaurantul a devenit o destinație culinară renumită, iar Gabriel a fost recunoscut ca unul dintre cei mai talentați bucătari ai timpului său.

Dar pentru Gabriel, bucuria adevărată a constat în a aduce zâmbete pe fețele oamenilor, în a le oferi experiențe de neuitat și în a crea conexiuni prin intermediul mâncării. Pentru el, bucătăria nu era doar o artă, ci o modalitate de a aduce oamenii împreună și de a le oferi o călătorie gustativă în lumea sa plină de arome magice.

Astfel, Gabriel a continuat să încânte și să impresioneze prin preparatele sale remarcabile, lăsând în urma sa amintiri dulci și povești ale bucuriei culinare.

Sfârșit

The Magical Aromas of the Culinary Master

It was a scorching morning in the small town of Costinești. The sun was blazing in the clear sky, and the wind gently rustled through the palm trees. In the midst of this idyllic setting stood a refined restaurant called "The Magical Aromas." It was a place where the stories of taste came to life, and a culinary master named Gabriel delighted his customers with unforgettable delights.

Gabriel was a talented chef, with a burning passion for the culinary arts. He lived and breathed through food, and each dish he prepared was like a work of art. Every day, he would wake up early in the morning and search for the freshest ingredients from local farmers and fishermen by the sea. Quality was key, and Gabriel ensured that each dish reflected his passion and dedication.

One summer day, in the midst of the busy season, a traveling couple stepped into "The Magical Aromas." They were named Adrian and Ana, and they were in search of an authentic culinary experience. Gabriel greeted them with a warm smile and led them to a table by the window, where they could admire the sea while enjoying the flavors of the dishes.

The menu was full of enticing options, and each dish was described with passion and expertise. Gabriel knew his ingredients in detail, and the dishes were prepared with meticulous attention to detail. The flavors harmonized seamlessly, creating a symphony of tastes on the customers' taste buds.

Adrian and Ana decided to experience a tasting menu, where each dish was a small universe in itself. From refined appetizers with local cheeses and freshly baked bread, to seafood cooked in delicate sauces and delicate desserts, each stage of the meal was a captivating culinary journey.

As they immersed themselves in the aromas and textures of the dishes, Adrian and Ana were overwhelmed by the quality of the food. Each one was attributed a story, and Gabriel told them with passion and enthusiasm. He spoke about the origins of the ingredients and traditional preparation methods, bringing to life the history and culture behind the dishes.

The two travelers were captivated not only by the flavors but also by the stories behind the dishes. Gabriel seemed to have an unusual intuition for blending flavors and creating unique culinary experiences. He knew how to bring out the secrets of the kitchen, making each meal an unforgettable experience.

As the culinary evening approached its end, Gabriel prepared a special dessert for Adrian and Ana. It was a chocolate cake with fresh berry sauce, decorated with edible flowers. The rich taste and smooth texture of the cake led to a moment of culinary ecstasy, and Adrian and Ana felt that time stood still in that moment.

After finishing their meal, the two stayed to chat with Gabriel. They learned that he had traveled the world, discovering traditional cuisines and culinary secrets from diverse cultures. Gabriel nourished his passion through travel and experimentation in the kitchen, and it was reflected in his dishes.

Adrian and Ana were impressed not only by Gabriel's culinary talents but also by his generosity and humanity. He was an open and empathetic person, and his stories were embraced with the warmth of his soul. The two travelers felt that they had discovered not just a culinary experience but also a friend.

In the following weeks, Gabriel and Adrian stayed in touch and developed a special friendship. Gabriel shared recipes and culinary tips, and Adrian and Ana told him about their travels and taste experiences around the world. Through the passionate chef, bridges were formed between cultures and people.

"The Magical Aromas" continued to attract customers from all corners of the world, all eager to discover Gabriel's story and culinary magic. The restaurant became a renowned culinary destination, and Gabriel was recognized as one of the most talented chefs of his time.

But for Gabriel, true joy lay in bringing smiles to people's faces, in offering them unforgettable experiences, and in creating connections through food. For him, the kitchen was not just an art but a way to bring people together and to offer them a gustatory journey into his world of magical flavors.

And so, Gabriel continued to delight and impress with his remarkable dishes, leaving behind sweet memories and stories of culinary joy.

Pasul către Visuri - Povestea Profesoarei de Balet

Era o dimineață însorită în micul orașășel Salonta. Copiii jucau pe străzi și râsetele lor umpleau aerul. În mijlocul acestei atmosfere pline de bucurie, se afla Școala de Balet "Pașii Spre Visuri". Era un loc special, unde o profesoară de balet talentată și pasionată își îndruma elevii spre realizarea visurilor lor în lumea dansului.

Profesoara de balet, Ana Maria, era o prezență luminoasă în comunitatea locală. Avea o inimă plină de pasiune și un suflet înviorat de frumusețea dansului. Fiecare mișcare pe care o făcea era plină de eleganță și grație, iar ochii ei străluceau de emoție și entuziasm.

Încă de mică, Ana Maria fusese atrasă de magia baletului. Când era doar o fetiță, visa să danseze pe cele mai mari scene ale lumii. Cu multă muncă și dedicație, și-a urmat visul și a devenit o balerină talentată. Dar își dorea să împărtășească această pasiune cu alții și să îi inspire să își urmeze propriile vise.

Astfel, Ana Maria a deschis Școala de Balet "Pașii Spre Visuri", unde a primit copii dornici să învețe arta dansului. Sala de dans era plină de lumina soarelui, iar oglinda imensă reflecta emoțiile și visurile copiilor. Ana Maria îi învăța pe micuții dansatori nu doar tehnicile de balet, ci și disciplina, pasiunea și gratitudinea față de acest dar al dansului.

Unul dintre elevii săi, Lucia, era o fetiță plină de energie și curiozitate. Își dorea cu ardoare să devină o balerină înzestrată și visa să danseze pe cele mai mari scene ale lumii. Ana Maria a observat scânteia din ochii Luciei și a știut că trebuie să o îndrume în călătoria ei spre visul devenit realitate.

Lucia era dornică să învețe tot ce era de învățat, iar Ana Maria a fost încântată să îi ofere toate cunoștințele și experiența sa. În fiecare zi, în sala de dans, Ana Maria îi arăta micuței dansatoare cum să se miște cu grație, cum să exprime emoții prin dans și cum să își dezvolte propria voce artistică.

Pe măsură ce timpul trecea, Lucia s-a transformat într-o dansatoare talentată și plină de încredere. Sub îndrumarea și încurajarea profesoarei sale, ea a fost invitată să participe la competiții de balet și a câștigat premii prestigioase. Visul ei de a dansa pe marile scene ale lumii se apropia cu fiecare pas învățat și cu fiecare spectacol susținut.

Dar viața este plină de provocări și uneori ne rezervă surprize neașteptate. Într-o zi, Lucia a suferit o accidentare la picior și a fost nevoită să înceteze dansul pentru o perioadă de timp. Pentru ea, aceasta a fost o mare dezamăgire și un obstacol major în realizarea visului său.

Ana Maria a fost acolo pentru ea în acele momente dificile. A fost un sprijin emoțional și un exemplu de perseverență. Ea a încurajat-o pe Lucia să fie răbdătoare și să nu renunțe la visul său. A explicat că fiecare dansator întâlnește provocări pe parcursul călătoriei sale, dar cu pasiune, dedicare și determinare, visul poate deveni realitate.

Cu timpul, Lucia și-a recuperat piciorul și a revenit pe scena dansului. A fost o adevărată învingătoare, devenind mai puternică și mai hotărâtă decât oricând. Cu fiecare pas pe care îl făcea, Lucia transmitea emoții și inspirație, atingând sufletele celor care o urmăreau.

În cele din urmă, Lucia a primit o invitație de a dansa într-un prestigios spectacol de balet, alături de compania națională. Era momentul pe care îl așteptase atâta timp și acum era în fața ușilor marelui vis. În culise, Ana Maria era acolo, oferindu-i încurajări și încredere.

Când cortina s-a ridicat, Lucia a pășit pe scenă cu încredere și gratie. Fiecare mișcare pe care o făcea era plină de pasiune și emoție, iar publicul a fost captivat de talentul ei. Lucia a dansat ca și cum ar fi fost liberă, fără limite și fără teamă, transmițând înțelesuri și povestind povești prin dansul său.

La finalul spectacolului, sala s-a ridicat în picioare în aplauze entuziaste. Lucia a realizat că visul ei de a deveni o balerină înzestrată devenise realitate. În acel moment, ea și-a mulțumit profesoarei sale de balet, Ana Maria, pentru călătoria lor comună și pentru a-i fi fost ghid și încurajare în realizarea visului său.

Ana Maria a zâmbit cu mândrie și bucurie. Își privi eleva și realiză că adevărata sa misiune era să ghideze și să inspire tinerii să își urmeze visurile. A știut că în fiecare dansator se află o pasiune nestinsă, iar ea avea datoria să o trezească și să o cultive.

Astfel, Școala de Balet "Pașii Spre Visuri" a continuat să inspire și să îndrume copiii dornici să exploreze lumea dansului. Ana Maria și-a dedicat viața acestei misiuni, înțelegând că frumusețea și magia dansului pot aduce bucurie și împlinire în sufletele celor care îi urmează pașii.

Sfârșit

The Step Towards Dreams - The Story of the Ballet Teacher

It was a sunny morning in the small town of Salonta. Children played on the streets, and their laughter filled the air. In the midst of this joyful atmosphere stood the Ballet School "Steps Towards Dreams." It was a special place where a talented and passionate ballet teacher guided her students towards realizing their dreams in the world of dance.

The ballet teacher, Ana Maria, was a radiant presence in the local community. She had a heart full of passion and a soul uplifted by the beauty of dance. Every movement she made was filled with elegance and grace, and her eyes shone with emotion and enthusiasm.

From a young age, Ana Maria was drawn to the magic of ballet. As a little girl, she dreamed of dancing on the grandest stages in the world. With hard work and dedication, she followed her dream and became a talented ballerina. But she wanted to share this passion with others and inspire them to pursue their own dreams.

Thus, Ana Maria opened the Ballet School "Steps Towards Dreams," where she welcomed children eager to learn the art of dance. The dance studio was filled with sunlight, and the enormous mirror reflected the emotions and dreams of the children. Ana Maria taught her young dancers not only ballet techniques but also discipline, passion, and gratitude for the gift of dance.

One of her students, Lucia, was a girl full of energy and curiosity. She ardently desired to become a gifted ballerina and dreamed of dancing on the grandest stages in the world. Ana Maria noticed the spark in Lucia's eyes and knew she had to guide her on her journey towards turning her dream into reality.

Lucia was eager to learn everything there was to learn, and Ana Maria was delighted to share all her knowledge and experience. Every day, in the dance studio, Ana Maria showed the young dancer how to move with grace, how to express emotions through dance, and how to develop her own artistic voice.

As time passed, Lucia transformed into a talented and confident dancer. Under her teacher's guidance and encouragement, she was invited to participate in ballet competitions and won prestigious awards. Her dream of dancing on the grandest stages in the world was getting closer with every step she learned and every performance she gave.

But life is full of challenges, and sometimes it presents unexpected surprises. One day, Lucia suffered an injury to her leg and had to temporarily stop dancing. It was a great disappointment for her and a major obstacle in realizing her dream.

Ana Maria was there for her in those difficult moments. She provided emotional support and became an example of perseverance. She encouraged Lucia to be patient and not give up on her dream. She explained that every dancer encounters challenges along their journey, but with passion, dedication, and determination, the dream can become a reality.

Over time, Lucia recovered from her leg injury and returned to the world of dance. She emerged as a true victor, becoming stronger and more determined than ever before. With each step she took, Lucia conveyed emotions and inspiration, touching the hearts of those who watched her.

Finally, Lucia received an invitation to dance in a prestigious ballet performance alongside the national company. It was the moment she had been waiting for so long, and now she stood at the doors of her grand dream. Backstage, Ana Maria was there, offering her encouragement and confidence.

As the curtain rose, Lucia stepped onto the stage with confidence and grace. Every movement she made was filled with passion and emotion, and the audience was captivated by her talent. Lucia danced as if she were free, without limits and without fear, conveying meanings and telling stories through her dance.

At the end of the performance, the audience rose to their feet in enthusiastic applause. Lucia realized that her dream of becoming a gifted ballerina had become a reality. In that moment, she thanked her ballet teacher, Ana Maria, for their shared journey and for being her guide and source of encouragement in realizing her dream.

Ana Maria smiled with pride and joy. She looked at her student and realized that her true mission was to guide and inspire young ones to pursue their dreams. She knew that within every dancer lies a hidden passion, and it was her duty to awaken and nurture it.

Thus, the Ballet School "Steps Towards Dreams" continued to inspire and guide children eager to explore the world of dance. Ana Maria dedicated her life to this mission, understanding that the beauty and magic of dance can bring joy and fulfillment to the souls of those who follow in its steps.

The End

Misterul Cărții Vechi

Era o dimineață înnorată în micul oraș Cotroceni. Străzile liniștite erau umbrite de clădirile vechi și copacii înfloriți. În mijlocul acestui decor pitoresc, se afla micuța librărie "Cărturești", un adevărat refugiu pentru iubitorii de lectură. Aici, în această oază de cărți și povești, se ascundea un mister ce avea să schimbe destine.

Librăria "Cărturești" era deținută de domnul Vasile, un bărbat trecut de prima tinerețe, cu ochi plini de înțelepciune și o pasiune imensă pentru cărți. El trăia printre rânduri și se învăluia în aromele cărților vechi. Pentru el, fiecare carte era o comoară și fiecare poveste era un portal către lumi noi și necunoscute.

Într-o zi, în timp ce răsfoia cu grijă paginile unei cărți rare, domnul Vasile a descoperit un indiciu ascuns într-o ilustrație veche. Era vorba despre un mesaj codificat, ce părea să conducă spre o comoară ascunsă. Inima lui a început să bată mai repede, iar dorința de a dezvălui acest mister s-a aprins în interiorul său.

Curios și plin de nerăbdare, domnul Vasile a hotărât să pornească în căutarea acelei comori ascunse. A creat o echipă formată din oameni încrezători și aventurieri, care împărtășeau pasiunea pentru cărți și mister. Împreună, au demarat călătoria lor plină de întrebări și incertitudini.

Indiciul i-a condus într-un mic sat în mijlocul munților. Casele vechi și străzile înguste erau mărturii ale unei vieți tradiționale și a unei povești ce aștepta să fie dezvăluită. Echipa a întâlnit localnici prietenoși, care le-au povestit despre legenda cărții vechi și a comorii ascunse.

Conform legendei, se spunea că cartea veche conținea cunoștințe secrete și puteri mistice. Cei care ar fi reușit să descifreze enigmele din carte ar fi fost conduși spre o comoară de neprețuit. Cu inimile pline de emoție și curiozitate, echipa a continuat căutarea.

Într-o noapte întunecată, sub lumina lunii pline, echipa a descoperit o bibliotecă veche și prăfuită în mijlocul satului. Era locul unde cartea misterioasă ar fi putut fi ascunsă. Cu emoții crescânde, au intrat în bibliotecă și au căutat indicii printre rafturile de cărți.

După o lungă căutare, domnul Vasile a găsit cartea vechiă într-un colț uitat. Era o operă de artă în sine, cu pagini galbene și un miros de praf și trecut. Cu grijă, a deschis cartea și a început să descifreze enigmele și codurile din paginile ei.

Pe măsură ce indiciile erau dezvăluite, echipa a fost condusă spre o cameră secretă ascunsă în adâncurile bibliotecii. În mijlocul acelei camere se afla o cutie de lemn veche, acoperită de praf și mistere. Echipa a deschis cutia și a fost copleșită de splendoarea și strălucirea comorii care le-a apărut în față.

Erau cărți rare și antice, hărți vechi și obiecte de artă de neprețuit. Fiecare obiect avea o poveste de spus și o valoare inestimabilă. Echipa a realizat că această comoară era mai mult decât un simplu tezaur material - era o comoară de cunoaștere și înțelepciune.

Întorcându-se în librăria "Cărturești", domnul Vasile și echipa sa au decis să împărtășească această comoară cu comunitatea. Cărțile rare au fost restaurate și puse la dispoziția iubitorilor de lectură. Biblioteca "Cărturești" a devenit un centru cultural și spiritual, unde oamenii se puteau înconjura de frumusețea și înțelepciunea cărților vechi.

Domnul Vasile a continuat să călătorească și să colecționeze cărți rare, întotdeauna în căutarea misterelor ascunse. El a înțeles că fiecare carte are propria poveste de spus și că lectura este o călătorie către lumi noi și minunate.

Astfel, în fiecare zi, librăria "Cărturești" a rămas un loc special, unde oamenii puteau descoperi povești neașteptate și întâmplări misterioase. Iubitorii de lectură veneau să se învăluie în magia cărților și să descopere tainele ascunse în paginile lor.

Misterul cărții vechi a rămas în amintirea celor care au participat la acea călătorie. Înăuntrul fiecăruia dintre noi există un mister și o dorință de a descoperi frumusețea ascunsă în paginile vieții.

Sfârșit

The Mystery of the Old Book

It was a cloudy morning in the small town of Cotroceni. The quiet streets were shaded by old buildings and blooming trees. In the midst of this picturesque setting stood the quaint bookstore "Cărturești," a true haven for book lovers. Within this oasis of books and stories, a mystery lay waiting to change destinies.

The bookstore "Cărturești" was owned by Mr. Vasile, a man in the twilight of his years, with wise eyes and an immense passion for books. He lived amidst the lines and immersed himself in the scent of old books. For him, each book was a treasure, and each story was a portal to new and unknown worlds.

One day, while carefully leafing through the pages of a rare book, Mr. Vasile discovered a hidden clue in an old illustration. It was a coded message that seemed to lead to a hidden treasure. His heart started beating faster, and the desire to unveil this mystery ignited within him.

Curious and impatient, Mr. Vasile decided to embark on a quest to find the hidden treasure. He assembled a team of confident and adventurous individuals who shared a passion for books and mysteries. Together, they set off on a journey filled with questions and uncertainties.

The clue led them to a small village nestled amidst the mountains. The old houses and narrow streets bore witness to a traditional way of life and a story waiting to be revealed. The team encountered friendly locals who shared the legend of the old book and the hidden treasure.

According to the legend, it was said that the old book contained secret knowledge and mystical powers. Those who managed to decipher the riddles within the book would be led to an invaluable treasure. With hearts filled with excitement and curiosity, the team continued their search.

On a dark night, under the light of the full moon, the team discovered an old and dusty library in the heart of the village. It was the place where the mysterious book could have been hidden. With growing anticipation, they entered the library and searched for clues among the shelves of books.

After a long search, Mr. Vasile found the old book tucked away in a forgotten corner. It was a work of art in itself, with yellowed pages and a scent of dust and history. With care, he opened the book and began deciphering the enigmas and codes within its pages.

As the clues were revealed, the team was led to a secret chamber hidden deep within the library. In the center of that room lay an old wooden box, covered in dust and mystery. The team opened the box and was overwhelmed by the splendor and radiance of the treasure that lay before them.

There were rare and antique books, old maps, and priceless works of art. Each object had a story to tell and an immeasurable value. The team realized that this treasure was more than just a material trove—it was a treasure of knowledge and wisdom.

Upon returning to the "Cărturești" bookstore, Mr. Vasile and his team decided to share this treasure with the community. The rare books were restored and made available to book lovers. The "Cărturești" library became a cultural and spiritual center where people could immerse themselves in the beauty and wisdom of old books.

Mr. Vasile continued to travel and collect rare books, always in search of hidden mysteries. He understood that each book has its own story to tell and that reading is a journey into new and wonderful worlds.

Thus, every day, the "Cărturești" bookstore remained a special place where people could discover unexpected stories and mysterious happenings. Book lovers came to envelop themselves in the magic of books and uncover the secrets hidden within their pages.

The mystery of the old book remained in the memories of those who took part in that journey. Within each of us, there is a mystery and a desire to discover the beauty hidden within the pages of life.

The End

Magia Cafenelei de la Colțul Străzii

Era o dimineață liniștită în micul oraș Alba Iulia. Soarele își făcea apariția timid printre nori, iar străzile începeau să prindă viață. În colțul unei străzi, printre clădiri vechi și plante înflorite, se afla Cafeneaua "Magia Gustului." Era un loc special, în care oamenii se adunau pentru a se bucura de cea mai bună cafea din oraș și pentru a savura momentele de liniște și prietenie.

Cafeneaua era deținută de Maria, o femeie cu părul în nuanțe de auriu și cu un zâmbet cald și prietenos. Ea avea o pasiune neclintită pentru cafea și pentru arta de a pregăti băuturi delicioase. Fiecare ceașcă pe care o prepara era ca o creație unică, o combinație magică de arome și texturi.

Maria învățase secretele artei cafelei de la bunicul ei, care era un maestru al cafelei în trecut. El o învățase cum să aleagă cele mai bune boabe, cum să le prăjească cu grijă și cum să pregătească băuturi care să aducă zâmbete pe fețele oamenilor. Maria și-a luat această moștenire și a transformat-o într-o adevărată experiență gustativă.

Oamenii din oraș știau că la "Magia Gustului" găseau nu doar cea mai bună cafea, ci și un loc cald și primitor în care să își petreacă timpul. Maria cunoștea numele și preferințele fiecărui client, iar atmosfera era mereu plină de conversații prietenoase și râsete.

Într-o zi, un străin misterios a intrat în cafenea. Era un bărbat înalt, cu ochi adânci și un aer enigmatic. Avea un carnet mic în mână şi o expresie curioasă pe chip. Maria l-a întâmpinat cu un zâmbet şi l-a invitat să se aşeze la unul dintre mesele sale preferate.

Bărbatul s-a aşezat şi i-a înmânat lui Maria carnetul mic. A spus că căuta o cafea specială, o băutură care să reflecte emoţiile şi experienţele vieţii sale. Maria a privit cu atenţie carnetul şi a înţeles că bărbatul avea nevoie de o cafea care să îi amintească de iubirea pierdută şi de aventurile trăite în străinătate.

Cu pasiune şi pricepere, Maria a început să pregătească cafeaua specială. A ales cele mai aromate boabe, le-a măcinat cu grijă şi le-a infuzat cu mâinile tremurânde. Fiecare gest era plin de atenţie şi dedicare, iar aroma cafelei începea să se răspândească în cafenea, umplând aerul cu un parfum îmbietor.

După câteva minute, Maria a adus ceaşca de cafea specială bărbatului. El a privit în adâncul ceştii, parcă căutând răspunsuri şi amintiri în aburii cafelei. Apoi, a luat o înghiţitură şi un zâmbet trist a apărut pe chipul său. Îi mulţumea Mariei pentru că i-a oferit o călătorie în timp şi spaţiu prin intermediul gustului şi aromei cafelei sale.

Pe măsură ce timpul trecea, bărbatul misterios revenea în cafenea în fiecare zi. El a devenit un client fidel al "Magiei Gustului" şi a început să împărtăşească poveştile sale cu Maria. Ea asculta cu atenţie, îmbătându-se nu doar cu povestirile sale, ci şi cu fiecare ceaşcă de cafea pe care i-o pregătea.

Bărbatul misterios avea multe poveşti de spus. El călătorise prin ţări îndepărtate şi cunoscuse oameni fascinanţi. În fiecare zi, Maria descoperea că lumea era mai bogată şi mai complexă decât și-ar fi putut imagina vreodată. Poveștile îi trezeau imaginația și îi deschideau inima către noi perspective.

Cafeneaua "Magia Gustului" a devenit un loc de întâlnire pentru oameni din toate colțurile orașului. Aici se împleteau destine și se crea o comunitate în jurul unei căni de cafea. Oamenii veneau să se bucure de magia cafelei pregătită cu atenție și să simtă căldura prieteniei.

În cele din urmă, bărbatul misterios a plecat din oraș, lăsând în urma sa amintiri și povești de neuitat. Maria a rămas în cafenea și a continuat să împărtășească pasiunea și talentul său cu toți cei care căutau magia gustului într-o ceașcă de cafea.

Astfel, "Magia Gustului" a devenit o legendă în orașul Alba Iulia. Oamenii își aminteau cu drag de momentele petrecute acolo și de poveștile pe care le-au împărtășit. Cafeneaua a continuat să răspândească aroma cafelei și să aducă bucurie în sufletele celor care căutau o clipă de liniște și prietenie.

Sfârșit

The Magic of the Corner Café

It was a tranquil morning in the small town of Alba Iulia. The sun timidly made its appearance through the clouds, and the streets began to come alive. In the corner of a street, amidst old buildings and blooming plants, stood the café "The Magic of Taste." It was a special place where people gathered to enjoy the best coffee in town and savor moments of peace and friendship.

The café was owned by Maria, a woman with golden-hued hair and a warm and friendly smile. She had an unwavering passion for coffee and the art of preparing delicious drinks. Every cup she made was like a unique creation, a magical combination of flavors and textures.

Maria had learned the secrets of the coffee art from her grandfather, who had been a coffee master in the past. He had taught her how to select the best beans, roast them with care, and prepare drinks that would bring smiles to people's faces. Maria took this heritage and transformed it into a true gustatory experience.

The townspeople knew that at "The Magic of Taste," they would find not only the best coffee but also a warm and welcoming place to spend their time. Maria knew the names and preferences of each customer, and the atmosphere was always filled with friendly conversations and laughter.

One day, a mysterious stranger entered the café. He was a tall man with deep eyes and an enigmatic air about him. He had a small notebook in his hand and a curious expression on his face. Maria welcomed him with a smile and invited him to sit at one of his favorite tables.

The man sat down and handed the small notebook to Maria. He said he was looking for a special coffee, a drink that would reflect the emotions and experiences of his life. Maria carefully examined the notebook and understood that the man needed a coffee that would remind him of lost love and the adventures he had experienced abroad.

With passion and skill, Maria began to prepare the special coffee. She selected the most aromatic beans, ground them carefully, and infused them with trembling hands. Each gesture was filled with attention and dedication, and the aroma of the coffee began to spread in the café, filling the air with an enticing fragrance.

After a few minutes, Maria brought the cup of special coffee to the man. He gazed into the depths of the cup, as if searching for answers and memories in the coffee's steam. Then, he took a sip, and a sad smile appeared on his face. He thanked Maria for giving him a journey through time and space through the taste and aroma of her coffee.

As time passed, the mysterious man returned to the café every day. He became a loyal customer of "The Magic of Taste" and began to share his stories with Maria. She listened attentively, becoming intoxicated not only with his tales but also with every cup of coffee she prepared for him.

The mysterious man had many stories to tell. He had traveled to distant countries and met fascinating people. Every day, Maria discovered that the world was richer and more complex than she could have ever imagined. The stories awakened her imagination and opened her heart to new perspectives.

"The Magic of Taste" café became a meeting place for people from all corners of the town. Destinies intertwined and a community was created around a cup of coffee. People came to enjoy the magic of carefully prepared coffee and to feel the warmth of friendship.

Eventually, the mysterious man left the town, leaving behind memories and unforgettable stories. Maria remained in the café and continued to share her passion and talent with everyone who sought the magic of taste in a cup of coffee.

Thus, "The Magic of Taste" became a legend in the town of Alba Iulia. People fondly remembered the moments spent there and the stories they shared. The café continued to spread the aroma of coffee and bring joy to the souls of those who sought a moment of peace and friendship.

The End

Secretele Vechii Case de pe Strada Melodiei

Era o zi liniștită în micul orășel Vâlcea. Străzile pietruite erau străjuite de case vechi cu acoperișuri în pantă și ferestre înalte. În mijlocul acestui peisaj nostalgic, se afla o casă misterioasă pe Strada Melodiei. Cu aspectul său elegant și curțile pline de flori, casa părea să ascundă secrete adânci și povești îngropate în trecutul său.

Într-o zi, când soarele își răsfrângea razele blânde pe pereții casei, un cuplu tânăr, Ana și Mihai, a decis să se mute în acea casă. Ei erau atrași de aura misterioasă și de istoria bogată a locului. Casa le părea a fi o pagină goală, pregătită să fie umplută cu amintiri și aventuri.

Cu fiecare pas pe podelele de lemn șters, Ana și Mihai simțeau că casa respiră și le dezvăluie treptat secretele sale. Ei au început să exploreze fiecare colț al casei, să deschidă uși ascunse și să descopere încăperi uitate de timp.

În una dintre camerele de la mansardă, au găsit o cutie veche de lemn. Înăuntru, se aflau fotografii antice și scrisori din vremuri îndepărtate. Privind acele imagini și citind cu atenție cuvintele scrise cu cerneală ștersă, Ana și Mihai au intrat în lumea trecutului și a poveștilor ascunse ale casei lor.

Descoperirile lor i-au condus într-o călătorie prin timp. Ei au aflat că casa fusese locuită de o familie nobilă în secolul al

XIX-lea și că în trecutul ei se ascundeau iubiri interzise, trădări și mistere neelucidate. Poveștile acelor oameni de altădată păreau să revină la viață în mintea lor și să se amestece cu propria lor experiență.

În timp ce explorau casa, Ana a descoperit o bibliotecă veche, ascunsă într-o încăpere mică și întunecată. Era plină de cărți vechi și misterioase. Ana a simțit un fior de emoție pe șira spinării când a atins copertele fragile și a răsfoit paginile îngălbenite.

Pe măsură ce se scufunda în poveștile și cunoștințele din paginile cărților, Ana și-a dezvoltat pasiunea pentru lectură și pentru a descoperi misterele lumii. Ea a început să se întrebe despre tainele casei sale și despre povestea neîmblânzită a oamenilor care au trăit acolo.

Pe de altă parte, Mihai s-a pasionat de grădina casei. În fiecare dimineață, se trezea devreme și îngrijea cu grijă florile și plantele, dându-le viață și culoare. Grădina era ca o fereastră către trecut, un loc în care fiecare floare și fiecare copac păstrau secretele și amintirile celor care au îngrijit-o cu grijă de-a lungul anilor.

Într-o zi, în timp ce săpau în grădina casei, Ana și Mihai au găsit o cutie îngropată sub un copac bătrân. Era o cutie mică din lemn, ornamentată cu simboluri stranii și încrustată cu pietre prețioase. Înăuntru, se afla un manuscris vechi, scris într-o limbă necunoscută.

Curiozitatea lor a fost stârnită de acea descoperire și au început să caute indicii și să încerce să descifreze mesajul din manuscris. Cuvintele erau ca niște puzzle-uri misterioase, iar semnificația lor era învăluită în ceață. Cu fiecare indiciu descoperit, casa începea să le dezvăluie alte încăperi și alte amintiri.

Pe măsură ce investigațiile lor se adânceau, Ana și Mihai s-au trezit prinși într-o rețea de intrigi și răsturnări de situație. Ei au aflat că casa lor fusese locul unui secret periculos, iar manuscrisul era cheia pentru a descoperi adevărul.

În cele din urmă, Ana și Mihai au reușit să descifreze mesajul din manuscris și să găsească o cameră secretă în adâncurile casei. Acolo, au găsit o comoară ascunsă, dar și adevărul tulburător despre istoria casei lor.

Cu toate acestea, nu au dezvăluit secretul către alții. Au hotărât să păstreze descoperirile lor în sufletele lor și să lase casa să păstreze misterul său. Ei au înțeles că unele secrete trebuie să rămână îngropate în trecut și că casa lor era purtătoarea unui amestec unic de frumusețe și mister.

Astfel, Ana și Mihai au continuat să trăiască în casa lor plină de istorie și să-și creeze propriile povești. Ei au păstrat grădina vie și plină de culori, iar biblioteca a devenit locul lor preferat de refugiu și călătorie prin lumi noi și necunoscute.

Fiecare zi aducea noi surprize și descoperiri în acea casă, iar Ana și Mihai s-au bucurat de fiecare moment de mister și magie pe care casa le-a oferit. În timp, povestea lor s-a amestecat cu povestea casei, creând o armonie unică între trecut și prezent.

Astfel, "Secretele Vechii Case de pe Strada Melodiei" au rămas întipărite în amintirile celor doi tineri și în istoria casei lor. Casa a devenit un loc plin de farmec și inspirație, în care fiecare colț ascundea o poveste ce aștepta să fie descoperită.

Sfârșit

The Secrets of the Old House on Melody Street

It was a peaceful day in the small town of Vâlcea. The cobblestone streets were lined with old houses with sloping roofs and tall windows. In the midst of this nostalgic landscape stood a mysterious house on Melody Street. With its elegant appearance and flower-filled courtyards, the house seemed to hide deep secrets and stories buried in its past.

One day, as the sun cast its gentle rays on the walls of the house, a young couple, Ana and Mihai, decided to move into that house. They were drawn to its mysterious aura and rich history. The house felt like a blank page, ready to be filled with memories and adventures.

With each step on the worn wooden floors, Ana and Mihai felt as though the house breathed and gradually revealed its secrets to them. They began exploring every corner of the house, opening hidden doors, and discovering forgotten rooms.

In one of the attic rooms, they found an old wooden box. Inside were antique photographs and letters from bygone times. As they gazed at those images and carefully read the words written with faded ink, Ana and Mihai entered the world of the past and the hidden stories of their house.

Their discoveries took them on a journey through time. They learned that the house had been inhabited by a noble family in the 19th century and that its past concealed forbidden loves, betrayals, and unsolved mysteries. The stories of those people from long ago seemed to come alive in their minds and intertwine with their own experience.

As they explored the house, Ana stumbled upon an old library hidden in a small, dark room. It was filled with old and mysterious books. Ana felt a thrill of excitement down her spine as she touched the fragile covers and flipped through the yellowed pages.

Immersing herself in the stories and knowledge within the pages of the books, Ana developed a passion for reading and uncovering the mysteries of the world. She began to wonder about the secrets of her house and the untamed tale of the people who had lived there.

On the other hand, Mihai became passionate about the house's garden. Every morning, he would wake up early and tenderly care for the flowers and plants, breathing life and color into them. The garden was like a window into the past, a place where every flower and tree held the secrets and memories of those who had lovingly tended it over the years.

One day, while digging in the house's garden, Ana and Mihai unearthed a buried box beneath an old tree. It was a small wooden box, adorned with strange symbols and embedded with precious stones. Inside, they found an ancient manuscript written in an unknown language.

Their curiosity was sparked by this discovery, and they began searching for clues and trying to decipher the message within the manuscript. The words were like mysterious puzzles, their meanings shrouded in mist. With each clue they uncovered, the house started to reveal more rooms and more memories.

As their investigations deepened, Ana and Mihai found themselves entangled in a web of intrigue and plot twists. They discovered that their house had been the site of a dangerous secret, and the manuscript held the key to uncovering the truth.

Eventually, Ana and Mihai managed to decipher the message within the manuscript and found a secret room deep within the house. There, they discovered a hidden treasure, but also the unsettling truth about their house's history.

However, they didn't reveal the secret to others. They decided to keep their discoveries within their own souls and let the house retain its mystery. They understood that some secrets were meant to remain buried in the past and that their house carried a unique blend of beauty and enigma.

Thus, Ana and Mihai continued to live in their historically rich house and create their own stories. They kept the garden vibrant and colorful, and the library became their favorite refuge, a journey into new and unknown worlds.

Each day brought new surprises and discoveries in that house, and Ana and Mihai cherished every moment of mystery and magic it offered. Over time, their story merged with the story of the house, creating a unique harmony between the past and the present.

Thus, "The Secrets of the Old House on Melody Street" remained etched in the memories of the two young individuals and in the history of their house. The house became a place full of charm and inspiration, where every corner held a story waiting to be discovered.

The End